필로티아

필로티아

발행일	2025년 6월 27일
지은이	이준정
펴낸이	손형국
펴낸곳	(주)북랩
편집인	선일영
편집	김현아, 배진용, 김부경, 김다빈
디자인	이현수, 김민하, 임진형, 안유경
제작	박기성, 구성우, 이창영, 배상진
마케팅	김회란, 박진관
출판등록	2004. 12. 1(제2012-000051호)
주소	서울특별시 금천구 가산디지털 1로 168, 우림라이온스밸리 B동 B111호, B113~115호
홈페이지	www.book.co.kr
전화번호	(02)2026-5777
팩스	(02)3159-9637

ISBN   979-11-7224-720-1 03810 (종이책)   979-11-7224-721-8 05810 (전자책)

잘못된 책은 구입한 곳에서 교환해드립니다.
이 책은 저작권법에 따라 보호받는 저작물이므로 무단 전재와 복제를 금합니다.
이 책은 (주)북랩이 보유한 리코 장비로 인쇄되었습니다.

(주)북랩 성공출판의 파트너
북랩 홈페이지와 패밀리 사이트에서 다양한 출판 솔루션을 만나 보세요!
홈페이지 book.co.kr • **블로그** blog.naver.com/essaybook • **출판문의** book@book.co.kr

---

작가 연락처 문의 ▶ ask.book.co.kr
작가 연락처는 개인정보이므로 북랩에서 알려드릴 수 없습니다.

필로티아

이준정 시집

작가의 말

필로티아(Philautia)란 '자기애'를 의미한다. 제목과 같이 나 자신에 대한 생각과, 종교 및 철학에 대한 나의 생각을 노래한 시가 이 책의 2부와 3부를 채우고 있다.

이 책의 일부(1부)는 지금까지 냈던 시집들의 증보판 대신이다. 시집을 증보하여 내는 것보다 시를 고쳐서 새 시집을 내는 것이 낫다는 어느 시인 선배의 충고를 받아들여 이렇게 하게 되었다. 2부에는 내 자신에 대한 고민을 담았고, 마지막으로 3부에서는 종교에 대한 이야기를 한다. 여러분들의 생각과 다르다고 화내지 마시기를….

모쪼록 성찰의 시간들이 되기를 바라며 이 시집을 여러분께 띄워 보낸다.

2025년 6월
서강병원에서 일하며
이준정

차례

작가의 말 · 4

철드는 일 · 10

1부
전작의 증보시들

F · 16
Moon face · 18
달얼굴 · 19
MY 3 · 20
그에 대하여 · 22
그의 이름 · 25
깊은 은혜 · 26
꿈의 해석자 · 30
남태평양 · 32
들불 · 34

루시벨 2 ・36
병원에서 죽다 ・38
복음 ・40
사랑 ・42
사랑한 후에 ・44
시편 451 ・45
시편 8편 ・47
실망 ・50
언젠가 우리 만났던 날 ・52
우리나라 ・54
우리의 넋은 어디서 왔을까 ・56
음벽의 변(辯) ・58
이삭의 축복 ・59
정권 ・60
정권 2 ・61
지독한 향수 냄새 ・62
황망한 이별 ・64

2부
나에 대한 고찰

살인광 시대 ・68
깡통 시대 ・70

주님의 개 ・72
2024년 말 비상계엄 ・76
Idea of guilt ・80
Idea of reference ・84
Non Je Ne Regrette Rien(아니 후회하지 않아) ・88
낳지 못한 둘째 ・90
도시 ・91
목련 ・95
문학이란 ・96
사막을 횡단한 펭귄 ・98
소금 ・99
수류탄 ・100
아내 ・102
아버지의 꽃 ・104
아직 자살하기엔 너무 이르다 ・105
양심(군말 2) ・106
은혜 ・109
잘 가라 ・112
잠 못 드는 밤 ・113
파이 ・114
프랑스의 자유 ・116
호모 지랄로쿠스 ・118

3부
내가 아는 종교

도(道)와 야훼 · 124
두려운 날들 · 126
목마른 사슴 · 129
美善眞(미선진), 積厚之功(적후지공) · 130
믿음이란 무엇인가 · 134
변화 · 138
불 속에서 말하는 야훼 · 140
사랑은 오래 참는다 · 144
살아 있는 마음 · 147
새 하늘과 새 땅 · 148
소승(小乘)에서 대승(大乘)으로 간다 · 152
신인(神人)이 되리라 · 154
십자가 위의 니르바나 · 156
야훼는 찬양을 기뻐하신다 · 158
'예' 혹은 '아니오'만 하라 · 160
우주의 목적 · 162
인도의 그들 · 165
찬양자의 이 땅을 위한 기도 · 166
창세기 1장부터 11장 고찰 · 168
천로역정 · 169
카인의 생각 · 170
해방 · 172

철드는 일

고견과 가르침은 쉽기만 하다
태산에 걸려 넘어지는 일은 없다
넘어지는 것은 돌부리로 인함이다

선행을 베풀고
고요히 참을 수 없다면
종교가 무슨 소용이 있으랴

철들지 못하고 떠남은
비일비재한 운명이겠지만

공중예절과 약자를 위한 도덕은
사람을 철들게 하리라

전철에서 자리를 양보하거나
기차에서 밖에서 통화하는 것

그것이 나를 철들게 하리라

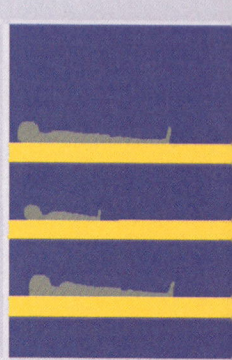

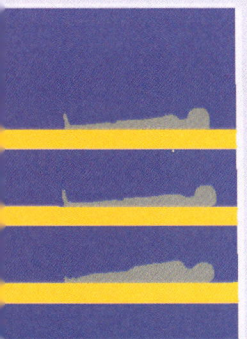

꿈가게

1부
전작의
증보시들

F

알파벳의 끝은 F다
도저히 내려갈 수 없는 자리

주께서 무거운 짐에
1g의 무게를 더하시는도다

그토록 주님을 아꼈는데
그렇다면 하나님도 F가 나오실까?

몇 과목 남기고
전부 알파벳의 끝자리

지금은 1997년
IMF 시대

I am F

(1997년, 나는 유급했다)

Moon face

According to the star
By the meteor

That place is where rabbits live.
Where now stars and stripes is stuck

A new day of the year
Oh, It is the day of blessing

A harvest day of the autumn
Oh! It is the day of thanksgiving

달얼굴

별을 따라
유성 곁에서

그곳은 토끼가 살던 곳이며
지금은 성조기가 꽂혀 있다네

일 년의 첫날
오, 그날은 축복의 날.

가을의 추숫날
오, 그날은 감사의 날

MY 3

폭풍이 치는 바다가 아닌
잔잔한 청록색 바다

아무도 모르게
묻혀 있던 노다지

너의 첫날밤의 붉은 꽃은
내 속에서 피어나리라

나는 너의 지어미이고 아기
너는 나의 지어미이고 아기

유월(逾越)의 문

그에 대하여

그는 광야의 나그네
운명의 지시자

오래된 영광이 그의 위에
천사들도 그 발 앞에 화답하네

그는 인자한 자의 아들
영광의 그림자

오랜 전쟁 중 들려오는 평화
잠자는 무생물에 찬양받으실 분

그는 주의 지팡이
주의 선물
이새의 뿌리에서 나온 헐벗은 양

쉬는 자들의 운명
깨어 있는 자들의 심판

바다를 잠재우고
인간의 원한을 멸하는 분

매달린 생명의 떡
오래된 자들의 주인
새로 올 자들의 운명

아골 밑바닥의 희망
방 높이 달린 램프

꺼지지 않는
인류의 빛

십자가

그의 이름

아도나이
야훼
엘로힘
하나님
하느님
천주
상제
알라
하늘

그리고 천지

깊은 은혜

사하라 사막에도 한 번씩 뜨는 태양은
늦은 나의 잠을 깨우고
언제까지나 떠올라 땀을 비 오듯 흐르게 하지만

가끔씩 부는 광풍의 바다는 태양을 가리운다
나의 청춘은 하나님께 등을 돌린다

태양이 뜨면 보이는 것은 그림자뿐
광풍 속에 보이는 것은 어두움뿐

존재자의 그늘에 가리워 벌레는 쉼을 얻는다
예수 그리스도의 품
그 모든 이가 그리워하던 품

道
그 끝도 보이지 않는 길
그 누군가 그 문을 보고 있다

태양이 뜰 때면
나에겐 밝혀줄 아무 빛도 없다
그림자뿐이다

그때 나는 본다
살아 있는 나
살아 있는 예수
살아 있는 하나님

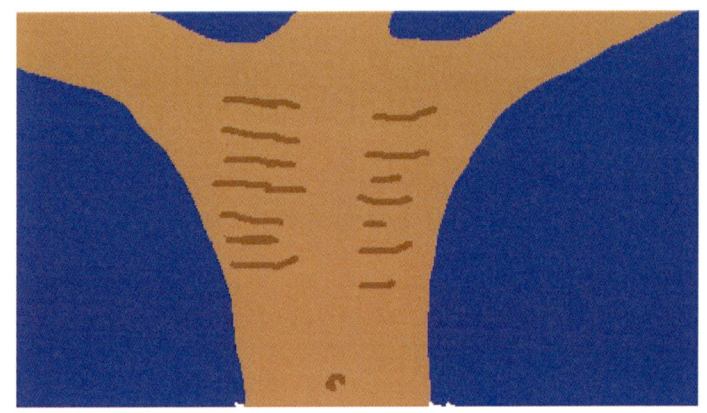

그의 가슴

부활

꿈의 해석자

야곱의 아들, 요셉이거나
페르시아의 유대인, 다니엘과 같이
왕의 해몽가

이전에 쓰이다가 잊혀졌지만
이제는 기억되어야 할 것들인
고대 물품의 해독자

부분이 되어 살 수밖에 없는 사람들과
흔들리어 제대로 설 수 없는 땅

옛날 공동체의 부품들을
다시 살리기 희망한다

흔들리는 세상 속에서
굳건히 서기를 희망한다

(정신과에 바침)

남태평양

그녀 생각에 집중하지 못해
하수구에 떨어뜨린 핸드폰은
꺼내다가 부서져 버렸다

그녀가 유학 갔던 펜실베니아는
내 동경의 땅이었고,

그녀가 돌아온 후엔
피지로 가고 싶었는데
그녀가 그것을 알았을까?

그녀는 나와 함께
남태평양의 피지로 갈 수 있었는데

마치 일본 만화의 한 장면처럼
그렇게 이국으로 갈 수 있었는데

하얗게 내리는 진눈깨비에
내 마음도 하얗게 변해 갔다
고통스럽게 내 자신이 지워져 갔다

그렇게 울부짖던 외침도
하염없이 흐르던 눈물도
흩어져 흩어져 잊혀져 간다

들불

오소서 여기 오소서
하나님이여
하나님이여 하나님이여

우리 마음을 훑으시고
하얗게 하소서

우리를 저들 같게 하시며
저들을 우리 같게 하시며

당신의 뜻을 이루소서

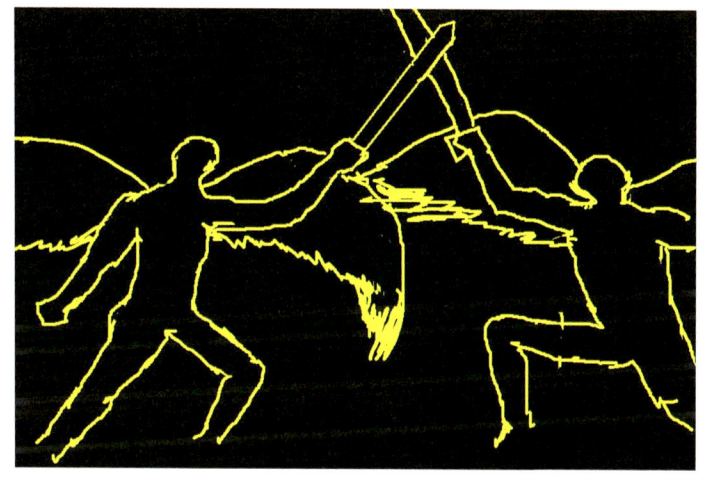

부활천사

루시벨 2

루시벨의 정체는
하나님의 한 장군

그는 뱀의 기는 목소리
위로자 없는 하나의 완성된 존재

그는 하나님의 아들 이전
가장 높았던 자

높은 자가 가면
따라간다

그는 하나님의 입

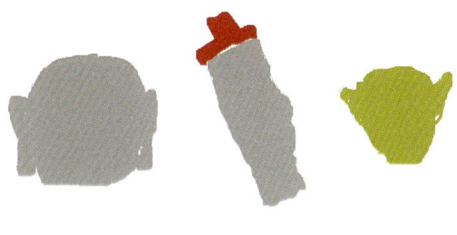

마귀 얼굴

병원에서 죽다

죽음은 잔인하고도 슬프게 온다
당하는 사람은 생각 않고 온다

어린 날의 죽음은 외롭고 쓸쓸하다
기억해 줄 이도 별로 없고
처음부터 부질없었던 목숨인 양 그렇게 간다

젊은 날의 죽음도 애절하다
목 메인 어머니의 간절한 외침을
죽음은 매정하게 뿌리치고 온다

중년 날의 사망은 허망하다
배우자의 눈물도 자식의 매달림도 보지 않고 듣지 않고
죽음은 황망하게 온다

늙은 날의 죽음은 당연한 양 온다
그가 어떤 대단한 사람이었는가와는 상관없이
간단히 가 버린다

온 천지에 슬픔이 사무치고
눈에 짠한 눈물이 차도
바꿔 주고 싶다고
뼛속 깊이 사무치게 울어도

복음

복음은 사랑이다
복음은 모든 것이 다 믿어지는 사랑이다

복음은 마라톤이다
복음은 예수의 소식이 전달되는 마라톤이다

복음은 믿음이다
복음은 믿음으로 누릴 수 있다

믿음은 모방이다
믿음은 예수님에 대한 모방이다

복음은 복종이다
복음은 그리스도와 같이하는 복종이다

이마에 쓰인 천국번호

사랑

그녀에 대한

내 뜻은 편견과 도박과 욕심과 방황

나의 사랑은 주의 뜻

사랑은 chemotherapy

조직(組織)에 대한

내 뜻은 배신감과 좌절과 투쟁과 욕심

나의 연대(聯隊)는 주의 뜻

사랑은 remix

신에 대한

내 뜻은 불복종과 부족과 반항과 불만

위에서 오는 것은 주의 뜻

사랑은 햇빛

예수에 대한

내 뜻은 불만족과 갈증과 투정

왕의 사랑은 주의 뜻

사랑은 calvaria

사랑한 후에

나는 지금 홀로 장막 앞에 서 있다
그녀는 내 사랑이었고
한때, 나의 심장이었다

지금, 그녀는 내가 아니다
나는 주의 뜻을 기다린다

어느 여자의 질투심
거기에 말려간 나의 비극
그것이 나의 모습.

에로스란 무지개의 산물이며
여느 사랑처럼 눈물의 씨앗

시편 451

마음이 흥겨워서 읊으니,
노래 한 가락입니다.

내가 왕께 드리는
노래를 지어 노래하려 하니,
나의 혀는 글솜씨가 뛰어난
서기관의 붓끝과 같습니다

음악적 영감은
천상의 것이 옮겨온 듯합니다

내가 당신을 위해 작곡하니
꿈에서 들은 그 선율입니다

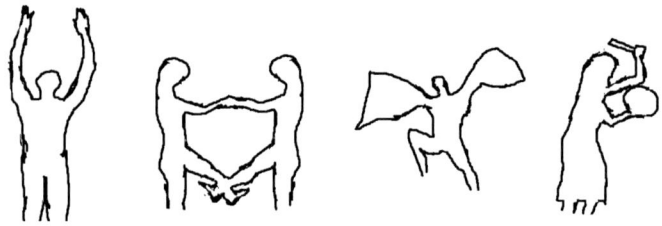

찬양

시편 8편

여호와 우리 주
당신의 이름이
온 땅 위에
얼마나 아름다운가
당신의 영광이
하늘을 덮는다

어린이와 젖먹이의 입으로
대적 앞에서 권능을 세우고
원수와 보복자를
조용히 만들게 한다

손가락이 베푸신
하늘과 달과 별을 보니

사람이 무엇이기에
당신이 생각하고
사람이 무엇이기에
당신이 돌보는가

당신보다 조금 못하게 하고
영화와 존귀를 씌운다

손이
만드신 것을 다스리게 하고
만물을
그의 발아래 둔다

여호와 우리 주
당신의 이름이
온 땅 위에
얼마나 아름다운가

(시편 8편의 어미를 바꾸어 보았습니다)

실망

내가 듣는 것은 누구나 들었고
내가 본 것은 개나 소나 보았네

내가 받은 사랑은 집고양이도 받는 것

내가 아는 것은 너도나도 아는 것
그는 공평도 자비하시지도 않는 분

내가 삶을 겨우 살아내려 할 때마다
1g의 무게를 더 얹으시네

나는 특별할 것도 없는 우주의 먼지
전쟁이여 오라

정말 오면 더 밉다

개

언젠가 우리 만났던 날

풋사랑은 X세대의 신입생 오리엔테이션부터였다
처음 본 그녀는 나를 닮아 보였다

항상 그렇듯 남자는 첫눈에 반하고 맴돈다

그녀가 모른 척하면 남자는 절망에 빠지지만
그녀의 위로의 말
마치 어둠을 밝히는 촛불과 같다

겁쟁이 남자에 여자는 실망하고
여자의 화는 남자를 상처 입힌다

까다바 실습실에서 나는
오래된 가인, 팔 벌린 천사를 보았다

사랑이란 것은 교감신경의 흥분과
그것에 의한 재앙과 같았다.

용서하는 것은 정신의 향유이고
분노하는 것은 육체의 향유이다

이제 와 생각해 보면
그녀와의 하룻밤 만리장성은
다른 사람의 것이었나 보다

욕심 많은 구도자처럼
나는 머리와 가슴을
다 가지려 했나 보다

우리나라

남편은 술에 가고
아내는 애 낳고 돈 벌다 가고

형님은 도박하다 가고
여동생은 탤런트교로 들어가고

딸은 신흥 종교에 들어가고
아들은 자살로 가고

나는 어디로 가나
지금 어디로 가나

개새

우리의 넋은 어디서 왔을까

우주에 떠다니는 것은
우리의 넋

우리 자신의 존재에 대해서는
묻지 말아라

우주에서 가장 빛나는 곳,
네가 거기 있을지 모른다

우주에서 가장 어두운 곳,
또 네가 거기 있을지 모른다

지구 아주 깊은 곳
우주 아주 밝은 곳
빛보다 빨라 볼 수조차 없는 곳

우리가 삶을 시작하고
죽음으로 마치는 곳

그 지점이 같은 곳일지 모른다

우리와 같은 존재가 어느 행성에
있다 해도
혹은 없다 해도

오늘 하늘에 날아가는
참새는 죽음을 모른다

음벡의 변(辯)

그녀는 나의 항공모함
나는 그녀의 한 마리 폭격기

마치 하룩의 출격같이
나는 너를 내 기지 삼아 싸울 것이다

내 소유는 우리의 피땀으로 이루어졌으며
나는 그것을 팔아 삶을 이루리라

이삭의 축복

주께서 말씀하신다

"내가 말한다. 내 뜻은 네 뜻과 다르고
내 생각은 네 생각과 다르다.
그래서 내가 너를 꽃밭에 말려 두었다."

"너의 환도뼈가 부러졌으나
내가 너를 치료하였다."

"네가 어머니들에게서 내친 바 되었으나
내가 다시 찾았다."

나는 알바트로스
폭풍우 속에서 주의 은혜로 날다

정권

과정에 상관없이
인간은 공평하게
대우받아야 하노라

평화롭고 진실된 세상은
양보 속에서만 가능하노라

확실하고 빠른 행보로
다소간의 사람들이 다치는 것쯤은
개의치 않겠노라

사회주의의 인간 진보로
우리는 나아가노라

정권 2

이상과 꿈보다는
현실이 중요하노라

세상에 있는 것은
이루려는 이와 이룬 이들

사회의 질서를 위하여
다소간 희생쯤은 개의치 않겠노라

신자유주의의 능률로
우리는 나아가노라

지독한 향수 냄새

넌 어쩌려고 그렇게 예쁜 거냐?
내 네게 예쁘다고 말한 적이 있더냐?

넌 뭘 믿고 그렇게 귀여운 거냐?
네가 뭔데 너를 안고 싶은 거냐?

내 속을 다 아는 것 같더니
왜 엉뚱하게 결론을 내는 거냐?

아주 오래전에 죽고 싶던 소년이 있었다.
이제 그런 미열은 가신 것 같은데….

네게서 나던 남자 향기는
오히려 내게 너무 지독한 여자 냄새 같다.

어색하기만 했던 HMY라는 이름
이젠 무섭지도 않다.

M
J의 투쟁

J
M의 평화

황망한 이별

오늘 김 집사가 칼에 찔려 죽었다

황망히 떠난 김 집사,
이생이 화석처럼 굳어 버렸다

이 한목숨 내 사연
다 가지고 가더라도
땅에는 그 흔적들 따라
다른 이들 계속 남아 살겠지

용 닥터,
이제는 아무것도 느끼지 못하지
김 집사,
딱딱하게 굳은 시신 되었겠지

이제는 그 이름으로 불리지도 않는다

내 몸뚱아리의 머리만 빼고
다 굳어 가고 죽어 가는 걸 보는 게
인류의 현실일까

누구나 사람은 죽는데
그걸 보는 나는 살아 있구나

사라진 머리

2부
나에 대한
고찰

살인광 시대

나는 제어기가 고장 난
폭주 기관차

나의 탈선은 1000년 전에 시작되었다.

끝도 없는 어두움을 뚫고
다다른 곳에
떠오르는 새로운 portal의 site

그곳에 내가 있었네
그때 네가 있었네
우승 트로피를 온몸에 박아 넣은
네가 거기 있었네

생사(生死)

깡통 시대

내 머릿속에는
정말 많은 것들이 있다
그것들이 혼선을 일으켜 스파크를 낸다

진공의 공간에서
나는 전진을 바라고 있다
나의 사랑이 나를 버려도
그것도 나의 운명인 것이다

눈부신 별들도
빛나는 보석도
나의 방향을 제시하지 못한다

모든 것을 알지 못하고
오직 주만을 의지하여 진행한다

내 밖에 계시는 주여
내게 힘을 주소서

주님의 개

한때는 꿈 많은 소년이었으나
이제는 중년의 불독

그리스도를 찾아 헤매던 그도
이제는 많은 굴레에 묶였다

이제 찾아 헤매던 것을 찾았을까?

아직도 갈구하나 갈급한 심령

주여

상한 심령에 용서를 내리시고

당신의 징계를 멈추소서

(시인의 시 중 「살인광 시대」는 감성적 인간을, 「깡통 시대」는 지성적 인간을,
「주님의 개」는 영성적 인간을 묘사하고 있다)

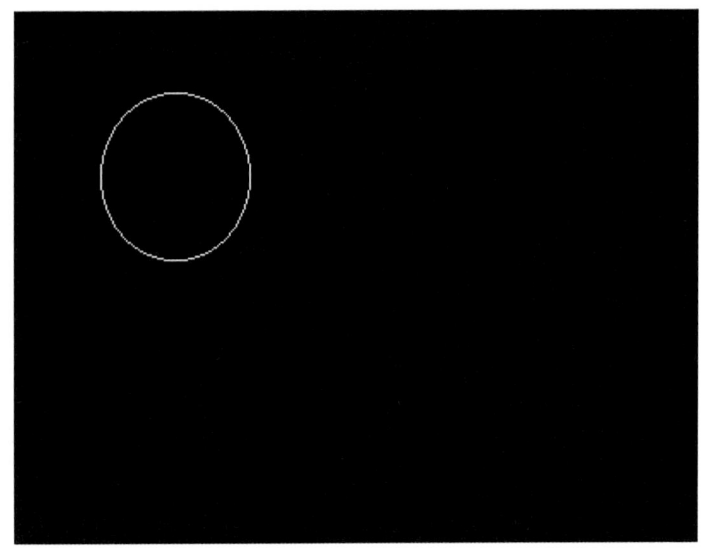

일식

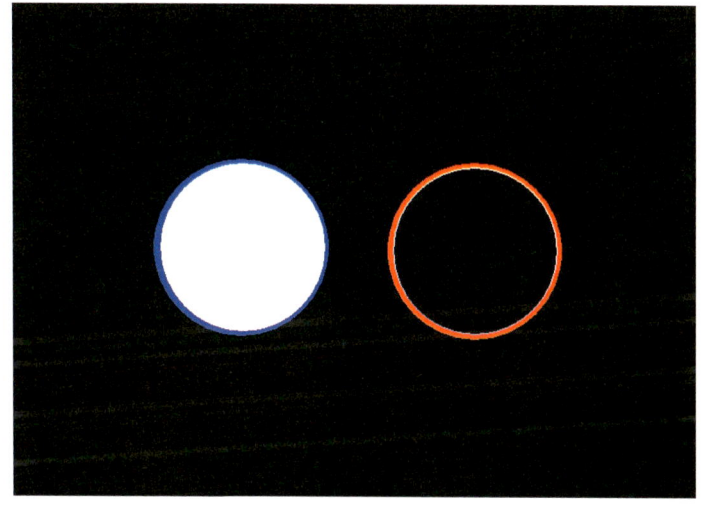

중간기

2부 나에 대한 고찰

2024년 말 비상계엄

대통령이 연말에
계엄령(戒嚴令)을 발동했다

군인들이 총을 들고
국회로 난입했고
의원들은 기를 쓰고
국회로 모였다

의사가 관뚜껑인 줄 알았는데
계엄령은 대통령 매장에
신의 한 수였다

"×××을 파면한다."
헌재 판사의 목소리가 쟁쟁하다

대한민국의 2024년에
계엄령이라니!

이상한 생물

이상한 생물 2개

Idea of guilt(죄책망상)

어려운 청춘
어제도 날밤을 새고
시험지 아래 책상 위에
태어나서 처음으로 몇 줄 구겨 적었다.
그것이 죄인가

타오르는 연민
나를 눈 빠지게 기다리는 여자를
훔쳐서라도 가지고 싶었다
그것이 죄인가

긴 터널과 같은 기다림
기도도 시간도 해결 못 할 자리
오직 술과 담배는 나의 스팀팩이다
그것이 죄인가

길고 긴 인고의 끝에
확률을 믿고 로또에
모든 것을 걸었다
그것이 죄인가

달

필로티아

달 2

Idea of reference(관계망상)

어디선가 들려오는
나를 유혹하는 소리

거울에 비친 저 모습은
내 모습일까
네 모습일까
아니면 그의 모습일까?

인간은 관계 속에서만
존재하나
서로 관계하지 않는다는 것도
사실이다

햇빛이 너무 따뜻해
나는 그만
혼자 울었네

달과 해

태양

Non Je Ne Regrette Rien(아니 후회하지 않아)

내가 배신했던 J의 답장이
10년째 없다
지금도 학대하는가
아니면 방치하는가

별 이유 없이 나를 피투성이로
폭행했던 C에 대한 분노가 삭지 않는다

하지만
이제 회한은 다시 살아갈 에너지로 바꾸어야 하리

에디뜨 피아쁘의 노래를 듣는다

고맙다

나의 모든 슬픔과 후회, 기쁨까지도
불 속에 던져 넣는다

이제 과거여 안녕

('Non Je Ne Regrette Rien'은 가수 에디뜨 피아쁘의 노래 제목입니다)

낳지 못한 둘째

가지지 못한 내 아들이 아쉽다
이루지 못한 내 꿈이 괴롭다

인생 마디마디에
고여 있는 눈물과 땀

하나님을 섬긴다고 살았는데
반쪽짜리 상급을 주시는구나

주께서
아브라함과 같이
내가 배로 낳지 않은 아이들을
상급으로 주시리라

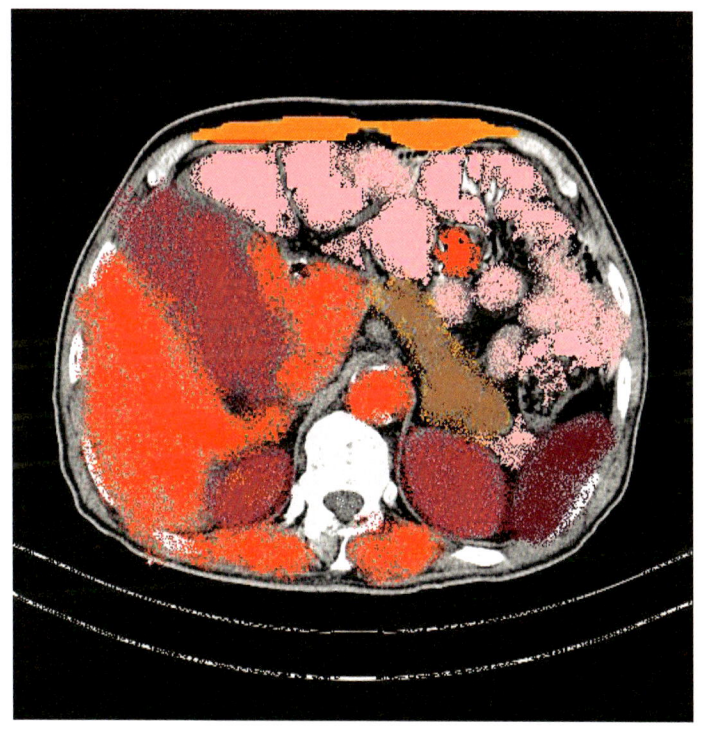

복부 CT 도색

도시

이 기형적인 인간 집단의 주거지는
도시라고 불린다

어느 시대에 100만의 개체가 사는
집단 주거지가 존재했던가

필요한 것들을 안으로 분포시켜
의식주를 해결하고

거대한 집단 동굴(아파트)을 만들어
좁은 땅 위에 개미굴을 세웠다

땅에서 나왔건만

땅을 막은 아스팔트를 밟는다

아!

개미의 둥지를 닮았을까

초승달

목련

추악한 목련의 뒤안길, 그것이 나의 모습

검은색으로 썩어 가는 하얗던 꽃
사랑이 지나고 난 후 나의 모습

사람들의 발에 밟히는
까아만 나

문학이란

그들은 인류의 길을 찾는
진정한 철학들

쓰던 이들의 글들이
내 마음에서 꺼지지 않는다

빅토르 위고
그는 내 가슴에 레미제라블로 산다

톨스토이의 진정한 사랑
헤르만 헤세의 인간의 자유
헤밍웨이의 해방에의 갈구
카잔차키스의 불가지론의 광기

인류의 척후병들이
열어온 현재 좌표에서

우리는 다가올 시대의
새로운 인간의 윤리를 찾는다

사막을 횡단한 펭귄

원대한 꿈을 꿨지만

내가 사막에서 움직인 거리는
20여 미터밖에 안 되는 것 같다

그 20여 미터가 내겐
끝없는 사막이었음을…

생이 반백이 가까운데
아직 내 집에 가지 못하였구나

소금

결혼도 미래도
재미도 관계도
다 말아먹은 청춘의 도박

한 치 앞도 몰랐다는
변명은 하지 마라
확신이 없었을 뿐이다

나는 사랑에 빠졌고
그것이 주의 뜻이었노라

가시 돋힌 고슴도치처럼
한세상 살면서
나는 세상의 소금이었노라 외치리라

수류탄

지금 내 손에 들려 있는 것은 키보드다
왜!
지금 갖지 못한 것들이 지나가 버렸으므로…

지금 내 손에 들려 있는 것은 이빨이다
왜!
지금 성적표가 모니터에 떠 있지 않으므로…

지금 내 손에 들려 있는 것은 수류탄이다
왜!
지금 내 앞에 목 타 죽는 인간이 있으므로…

지금 내 손에 들려 있는 것은 삶이다
왜!
지금 깡그리 없어지고 남은 것이 없으므로…

지금 내 손에 들려 있는 것은 망치다
왜!
지금 내 넋과 내 집이 사라졌으므로…

지금 내 손에 들려 있는 것은 핏방울이다
왜!
지금 망국과 고아 됨을 맛보았으므로…

지금 내 손에 들려 있는 것은 핵폭탄이다
왜!
지금 막혀 버린 우물들만 존재하므로…

그칠 줄 모르는 눈물도
내 목마름을 채워 줄 수 없다

아내

비워 내도 비워 내도 여전히 존재한다
내 속은…

하나의 실체로 세상에 존재한다
내 속은…

내 가슴에 별은 많아도
해는 하나

나의 삶에 축복을 주는
나를 살게 하는
주의 은혜

우리 사이는
시절을 쫓아 과실을 맺는다
성숙과 화목

너의 첫날밤의 피는
내 속에 붉은 꽃으로 피리라

아버지의 꽃

붉지 않은 꽃이 있었던가

하얀색 백합도 싫다
내 가슴엔 카네이션 대신 붉은 장미를 달아 다오

아버지 가슴에는 꽃이 어울리지 않는다
차라리 하늘의 별을 달아
당신은 위대한 자요라고 말해달라

아직 자살하기엔 너무 이르다

이른 새벽,
내 이전에 돌아온 긴 터널도
이리 어지러웁지 않더냐
달려갈 길 위 끝 푯대가
오라 하는 추억만큼 크지 않더냐

맑은 이슬,
순결한 꽃들이
그나마 한두 송이 저물지 않은

그래도 아직 자살하기엔 너무 이르다

양심(군말 2)

어디 세상에 양심이 있더냐
내 몸이 다 양심이다

양심이란 가슴이나 뇌에 존재하는 것이더냐
차라리 나를 죽여 다오

나는 죽었으나 살아 있도다
나는 온몸이 양심이다

해 저문 벌판에 돌아가는 어린 양이 주인이 있더냐
내 아사셀 염소는 누가 해처먹었느냐

하지만 오늘도 내 가슴에
식어 버린 밥 같은 아내는
나를 위해 산다

세상에 양심이 있더냐

그래도 님이 있다면 그것은 너의 그림자일지 모르느니라

그림자를 그리는 화가가 있더냐

그림자를 그렸다면 너는 화가가 아니니라

세상에서 양심은 천지도 모르느니라

마리아는 요셉을 사랑하였느니라

양심은 하느님이 아니니라

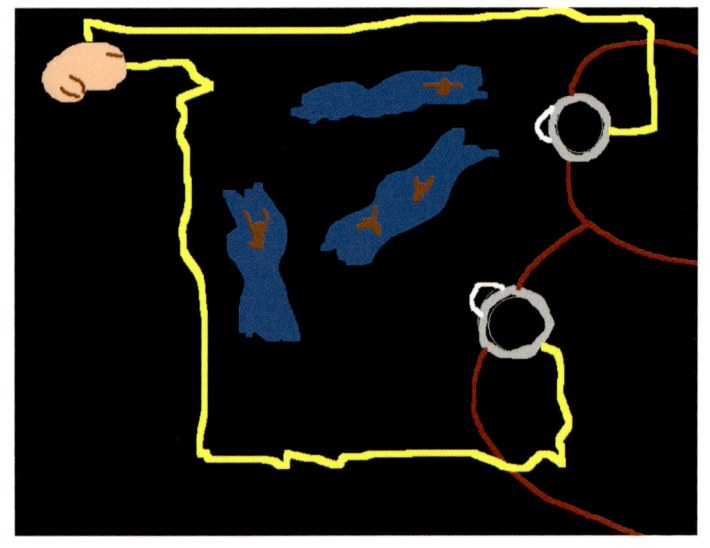
눈의 기능

은혜

지금, 주께 감사하다
내가 진정한 내가 되어 왔음을

여러 번의 유급과
여러 번의 휴학
권고사직과 2년간의 벌당
여름휴가 말소
쫓겨날 뻔한 일들
감봉

매 단계마다의 신고식들

내 인생을 해석할 수 없었다

하나님이 버리심일까?
존재하지 않으심일까?

비어 있고 충분치 못한 채로 간다
나는 하박국과 같이
소출이 적어도 하나님을 신뢰하리라

상처 입은 채로 간다
주의 기뻐하시는 자가 되어
상급이 적어도 나는 진짜 내가 되리라

그래도
진정한 내가 될 수 있으리라

나를 나로 만들기 위한 경험들
하나님의 Training과 Intimacy

의도와 경험들, 그것이 내가 되었다.

친밀케 하심과 훈련하심
그것만이 지극한 은혜

잘 가라

잘 가라 남의 여자로
미안하다 선배가

잘 가라 남의 여자로
아쉽다 나의 누나

잘 가라 남의 여자로
무슨 뜻인지
아직도 모르겠다 그 말들

신앙보다 진한 인간애
잘 가라 남의 여자로
안 본다 너의 남자

잘 가라

잠 못 드는 밤

불면의 밤
적막한 밤
구서역의 전철 소리가 여기까지 들린다

결혼식장에 패잔병의 노구처럼
그렇게 입성하였었다

그녀는 그렇지 않았다
싱싱하였었다

코커커커커
코커커커커
암코끼리처럼 잔다
우리 마누라가

파이

파이
나는 네 이름이 첼시인 줄 알았다.

어머니가 영국인이라고 했던가
너의 어눌함이 내게 오히려 섹시함이다

미쳐야 얻는 성적 자유
그 욕망의 자유
그리고 이면의 죽음

하지만
변태적인 행위가 얼마나
밑 빠진 독에 물 붓기인지 느낀다

너를 기억한다

파이
너도 내 여동생

프랑스의 자유

사회의 진보처럼 보이지만
앞으로 가는 것은 아닌 듯하다

결혼을 파괴하여 출산율을 높이더니
이제는 낙태의 자유를 헌법에 쓰다

생명을 빼앗을 권리를 국민에게 주다

생명의 방종은 죽음으로 지워야 하는가?

프랑스는 거꾸로 가고 있다

생사(生死) 2

호모 지랄로쿠스

지랄 같은 이 세상
양심도 없는 이 세상

오늘도 신문에는 살인과 강간이 난무한다

미국에서는 마약과 총기 사고가 비일비재하고
동양에서는 다 갖춘 젊은이가 드러눕는다

인류의 새벽을 열기 직전에
이념에 미쳐 버린 겨레가 있다

운동선수는 약물을 쓰고
의사는 돈을 좋아한다

선생들이 어른이길 포기했으며
원로가 욕심을 저버리기 어렵다

세상은 쓸데없는 정보가 넘쳐나지만
아직도 해결되기에는
인류의 진보가 너무 멀다

임산부는 술을 마시고
커피는 항상 플라스틱 컵에 담기지

아파트 집에서 떨어지면 죽고
차 몰고 길 가다가 한눈팔면 사고 난다

영화는 계절마다 100편이 나오고
달콤한 과자들은 시절을 쫓아 나온다

그래,
인간은 지랄하는 존재다

어떤 새끼는
어류에 자신의 정자를 넣더라

원숭이와 인간의 교배를 하려는
새끼가 있더라
이것이 인간의 진보와 상관이 있더냐
종말에
인간은 참으로 지랄하는 존재다

어떤 군인이 남창 같은 게이더라
장애인도 아닌데 새로운 성애를 만들려 하더라

감사하는 마음으로 세상을 보려 해도
세상엔 불만이 너무 많더라

인간의 다양성과 인간의 진보와는
상관관계가 있을 것인가

성 중립 화장실이 있다
아무도 모르는 미래에 대해서
이런 짓을 해도 되는가

위에서 보는 자가 천지인지 하나님인지,
이 지랄에 대해서 판결문이 읽혀지고 말 것인가

3부
내가 아는
종교

도(道)와 야훼

유무상생(有無常生)하는 인연(因緣) 속에
모든 것은 관계되어 있고

완벽한 도(道)의
야훼조차도 모든 것이 아니라
우리와 관계하는 우주의 인격(人格)일 뿐이지만

그의 진구비강(塵垢粃糠)으로
지구 위의 모든 나라들은 움직인다

인(仁)과 덕(德)!
진짜 인간의 본연
고유한 우러나옴이며 자유로운 정신

망아(忘我)로 이룬

엑스터시(Ecstasy), 황홀을 통해

이것을 이루리라

그리하면

우주 기(氣)의 모임과 흩어짐의 의지인

야훼를 마주하게 되리라

두려운 날들

관상기도 은사자에게 통성기도는 무속이다
통성기도 은사자에게 관상기도는 이단인 것처럼

제국주의자들은 복음을 전했지만
식민지의 고혈을 빨았다

전쟁에서 대주교는
침략자를 축복하고

한국의 목회자는
교회를 사적 소유물로 여긴다

사교 교주도 처음에는
다 성령 받은 은사자였다

간음계에 걸려 넘어지는
원로 목회자는 무엇인가?

인간의 오류와
하나님의 은사가 헷갈려서
참 두려운 하루하루 날들이다

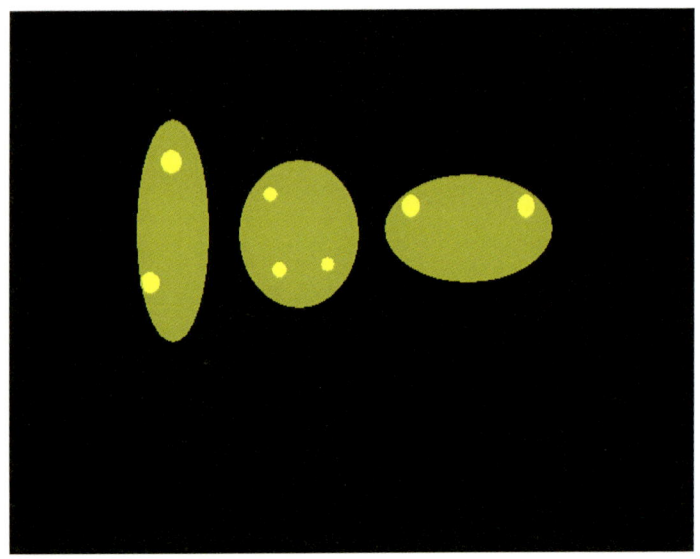

세 가지 자세와 그 무리들

목마른 사슴

정적의 피는 달콤하지만
주의 말씀은 더 달콤하다

가짜 뉴스에 속고 분을 내기에는
인생이 너무 짧다

주의 가르치심의 감미로움에
내 혀를 맡기는 것
그것이 나를 오늘 살게 한다

적들의 피로 목을 축일 게 아니라
주님으로만 내 목을 축이리라

마치 목마른 사슴처럼…

美善眞(미선진), 積厚之功(적후지공)

땅에는 여러 교회가 있다
가톨릭, 정교회, 개신교, 콥트교, 경교

내가 옳다면 상대방이 그른 것인가
정치나 종교는 항상 이렇다

내가 선하다고 주변은 악인들인가
다윗의 시편은 그랬다

내 사람들을 덮어
나는 아름다움을 추구하리라
내 희생으로 아름다움을 추구하리라

옳거나 좋은 것이 아니라
아름다운 것을 추구하리라

아름다운 것이 선하지 않을 수도 있고
선한 것이 옳지 않을 수도 있다

하지만 옳은 것은 선하며
선한 것은 아름답다

아름다운,
두터운(厚) 인간성
그것이 되리라

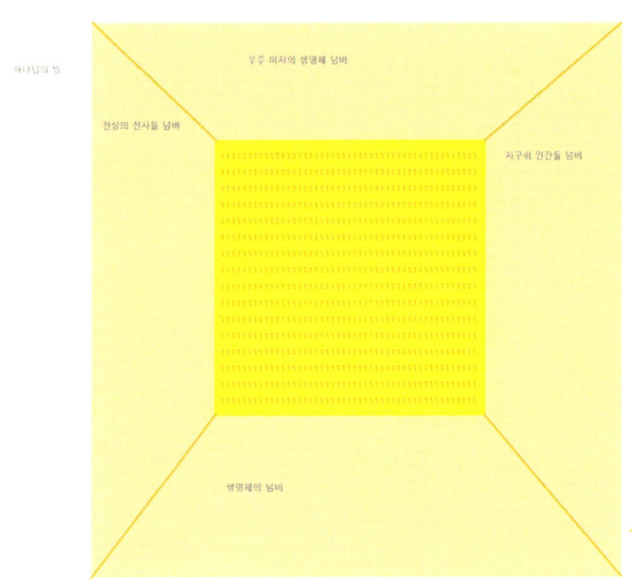

가장 위의 정5면체의 방

이담

3부 내가 아는 종교

믿음이란 무엇인가

종교란
세상을 이해하는 방식이며
불가지론의 바다를 벗어나게 해 주는
막무가내의 단단한 반석

때로는 나의 존재에 대한 확고한 믿음이
세상을 해석하기 위해선 필요하고

때로는 물질에 대하여 확고한 믿음이
앞으로 나아가게 하지만

오히려
모두가 찬성할 때 목숨을 걸고
히틀러에게 반대한 디트리히 본 회퍼,

아들을 죽인 공산주의자를 입양한 손양원,

또 한 일본인을 구하고 죽은 이수현의 선행이
우리를 압도한다

그들은 하늘의 별이 되어
우리에게 길을 가르친다

이것이 우리에게 구원이리라

별들

필로티아

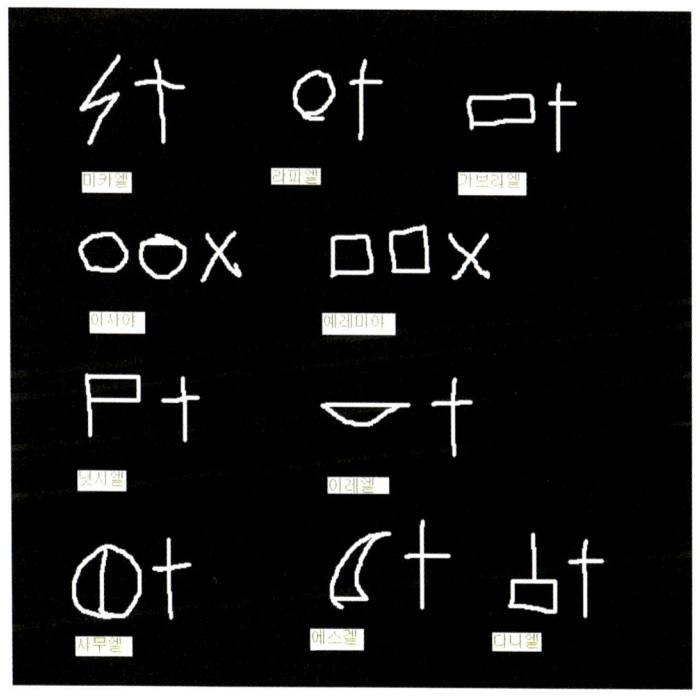

천사들의 이름표

3부 내가 아는 종교

변화

나를 다른 곳으로 가게 하는
새로운 앎

나를 장사 지내고,
자기를 죽여 타인에게 내어 주는 것

이곳으로부터
보이지 않는 곳으로 가려는
황당하고 무모한 열망

꿈에는 항상
불가능의 냄새가 난다

무너지지 않으면
한 발짝도 건너가지 못하리
새는 날지 못하리

본연의 인간은
건너가는 자

불 속에서 말하는 야훼

세상을 창조한 야훼는
보통 사람에게 관심이 없다

그가 애틋한 자는
상대할 만한 자

우주의 뜻과 결정 자체가
그의 의지이지만

우리는 그 앞에 서기 위해
종교라는 것을 가진다

그는 아버지이기보다는
우주와 인간을 창조한 어머니

불같은 성격의 지극히 위엄 있는
만물의 어머니

주께서 높은 보좌에 앉으셨는데

필로티아

천사장들

사랑은 오래 참는다

사랑은 막연하고 방대한 것!

성경의 핵심이 '사랑'이라면
성경 없이도 사랑은 성취된다

믿음을 강조하는 종교는
그것으로 사람들을 사교에 빠뜨렸다

사랑은 오래 참는다

예수는 오래 참아서
아주 끝까지 참았다!
그는 참아서 고통의 죽음까지 갔다

망명이나 선동이나
어떤 고통의 표현까지도 포기했다

그것이 지고의 사랑

바다

살아 있는 마음

도(道)나 인(仁)이나 관(觀)이나
살아 있는 마음을 쓰는 것이 중요하다

완고한 성견(成見)에 갇혀
살아 있는 마음을 잊는다

마음이 살아 있어
건너가자

나를 죽여 황홀경!
마침내 천국에 들어가다

새 하늘과 새 땅

새 하늘과 새 땅으로 건너가는 일이
전적으로 아버지의 조화이지만

우리의 선한 뜻의 조합
즉, 나의 최선의 뜻이
아버지의 뜻이리라

건너간 곳,
새 하늘 아래에선

이리와 어린 양이 함께 먹을 것이며
사자가 소처럼 짚을 먹을 것이며
뱀은 흙을 양식으로 삼을 것이니

깨달은 곳의 사람들은
서로 해함도 없겠고 상함도 없으리라

추수 때,
새 하늘과 새 땅으로
아버지와 마주하게 되리라

바다 2

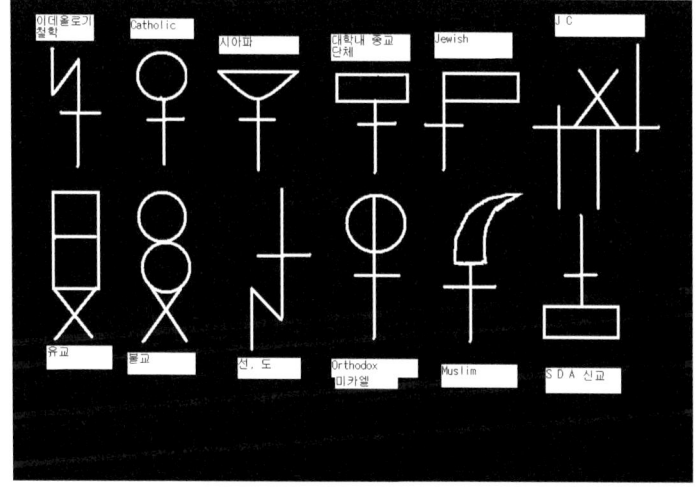

천사들의 표시 1

3부 내가 아는 종교

소승(小乘)에서 대승(大乘)으로 간다

독생자 예수나 붓다가
일억 명 이상의 추종자를 생각했을까

예수의 구원이나
하나님의 아들딸로의
격상이 과연 그렇게도 쉬운 것일까

붓다의 열반과 해탈은
보통 사람에게 구해질 수 있는 것인가

이신득의(以信得義)와 돈오점수(頓悟漸修)
새로운 길을 열다

깨달음이

포교의 방법을 찾았다

그의 진리가

곧 우리의 진리가 되다

신인(神人)이 되리라

장자는 도(道)를 다루고
공자는 인(仁)을 강조한다
인간의 도가 인이 아니고 무엇이랴

유대인이 말하는 잠언(箴言)의 지혜
그것이 도의 기본이리

지혜가 확장하여 자기를 넘어가면
자비가 된다

예수는 자기의 말을 따라 모든 이들이
북해의 큰 물고기 '곤(鯤)'이 되길 바랐다

붓다는 자기의 말을 들어 모든 이들이
다른 차원의 존재로 건너가길 바랐다

건너가서,
대붕(大鵬)이 되리라

십자가 위의 니르바나

2000년 전 격정이
아직도 꺼지지 않은 이 땅에서

다른 이들의 분노와 격정에
가슴을 열었던
예수를 기억한다

종교도
인간의 역사 속에 존재하지만

홀로 진리를 깨달음은
역사 속에 있지 않다

지금 그의 가슴에
내 가슴에 있다

그러나
십자가를 짐
자기부정과 니르바나

홀로 앉아 초월하다
그러나 나를 잠식해 오는 다른 이의
번뇌와 투쟁을 끄기 위해
고요히 최후를 맞다
하늘 아버지의 자세도 그러할진대

불이 꺼진 니르바나
그것이 골고다 언덕 위에서 표상이 되다

야훼는 찬양을 기뻐하신다

야훼는 재물을 기뻐하지 아니한다

보화라고 불리는 것들은
다 그의 노고의 소산
그에게 의미가 없도다

야훼의 근심은
끼니를 잇지 못하는
가난한 그의 자녀들

항성과 행성, 또 그 안의 광물들
공중과 식물 위, 땅의 동물들
다 야훼의 노고의 산물

야훼는 찬양을 기뻐하신다
인간의 지극한 마음만을 기뻐하신다

'예' 혹은 '아니오'만 하라

그 방법만으론 해결되지 않는다!

한, 번뇌, 걱정

각자의 사회 병리 해석과 진영 다툼

해결책을 제시해도
상대방의 걱정은 완전히 꺼지지 않는다

그래서 예수께서 한마디 말씀도 안 하셨다
끌려가는 새끼 양같이

하나님의 아들은
지혜에 차
'예' 또는 '아니오'라고만 했다

트럼프의 왕

우주의 목적

빅뱅으로 우주를 창조하시고

은하 구름을 회전시켜
그 속에서 항성과 행성을 만드시다

지구 속에서 생명을 만드시고
식물을 만드시고 고등동물을 만드시고
드디어 인간을 만드시다

인간을 생각하도록 키우시고
그리고
아들들을 주시다

그리고

그리고

예수를 주시다

예수 안에서

인류는 신의 아들들이 되리라

신과 맞상대가 가능한 존재들이 되리라

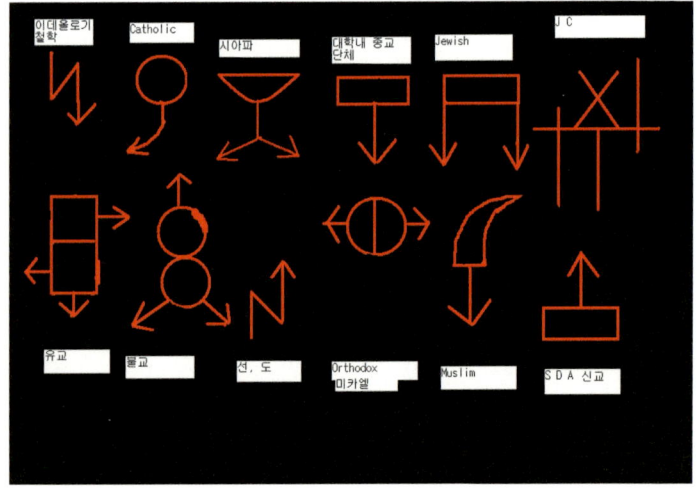

천사들의 표시 2(분노)

인도의 그들

이슬람의 수피들, 박티신앙 운동

그들은 우리 종교의 형제들이다
그들 또한
인격신에 대한 헌신과
그와의 합일에 의한 구원을 갈구한다

"노래와 춤으로 유일신을 기쁘시게 하라"

"그리고 모든 인간은 평등하며
사랑으로 하나 되리라"

찬양자의 이 땅을 위한 기도

우리가 이 땅에서 주님께 찬양을 드리오니,
우리 부르짖음을 들으시고
우리 동족의 마음을 치유하소서

남북으로 갈라진 이 땅에서
보수의 질서와 진보의 치유가
하나님의 공의와 사랑처럼
우리에게 임하는 날이 오게 하소서

서로를 용납하며
새 방향을 모색하는 일을 하게 하소서

주여
사랑과 진실이 눈을 맞추고
정의를 평화가 쫓아서
이 땅에서 풍요가 열매 맺게 하소서

놀라운 미래를 열어 주소서

창세기 1장부터 11장 고찰

역사이며 신화
구전으로 전해지던…

하나님 이야기에 첨가된
인류 최초의 이야기

지금도 여전히 구전으로 전해지는
인류 최초의 이야기

남자와 여자는 한 몸이구나
인간들이 교만했기에 흩어졌구나
이것이 우리가 알아야 할 하나님의 말씀

천로역정

최후의 최후까지 성도의 여정

The rose의 가사처럼
하늘은 어둡고 길은 멀다

나만 힘든 것은 아니다

앞서거니 뒤서거니
순례자의 여정

카인의 생각

인간도, 우주도
홀로 던져진 존재이기에
인간은 짐승보다 별로 나을 것이 없다

진화는 의미 없는 우연이며
자아는 만들어지는 것이 아니라 실현되는 것이다

세상은 물질로만 차 있기에
하부구조가 상부구조를 결정한다

따라서
나는 나의 젠더를 결정할 수 있다

하늘의 별에 의한 좌표를 잃은
새로운 종교

화투의 세계관

해방

색수상행식(色受想行識),
바닥을 사는 짐승의 굴레에서
벗어난다

나를 이 똥 싸고 욕망하는 육체에서
해방하여
하나님과 같이,
신과 같이
초월하게 하라

고양이나 개의 적개심(敵愾心)
원숭이의 저것을 먹을 수 있겠다는 판단(判斷)에
나를 머물게 하지 마라

나는 우주의 궁극적 목적

나로 태어났으나

나 자체만은 아닌 자